AF357719

(conserver la couverture)

MGR FOULON

Archevêque de Lyon et de Vienne

Primat des Gaules

Cette brochure contient, avec un portrait de Mgr Foulon,
le Tableau chronologique des Evêques de Lyon
depuis saint Just.

Monseigneur FOULON.

MONSEIGNEUR FOULON [1]

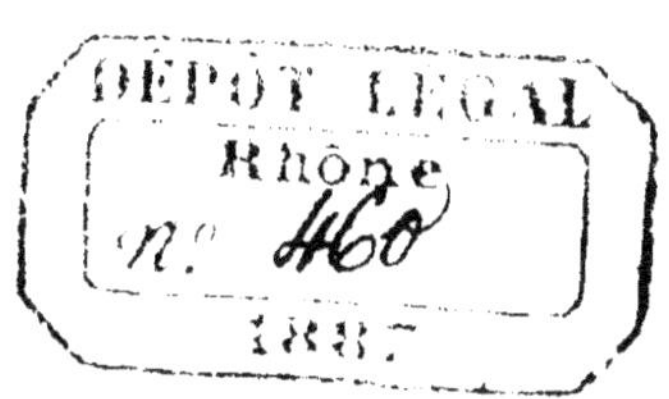

L'ÉMINENT prélat que Dieu et N. S. P. le Pape ont élu, pour remplacer, sur le premier siège des Gaules, Son Eminence le Cardinal Caverot, de regrettée mémoire, est digne, en tous points, de figurer dans la glorieuse phalange des évêques qui, depuis saint Just, ont illustré l'Eglise de Lyon.

Les services que Monseigneur Foulon a rendus à la cause du clergé dans les diocèses de Nancy et de Besançon le désignaient naturellement pour le poste important qu'il va occuper.

Le caractère de ces services, si nombreux et si variés, se résume en cette devise où le lettré a servi merveilleusement le pasteur du Christ et où l'esprit n'a été nullement la dupe du cœur : « *In multa patientia* (2). »

Certes, a dit un écrivain distingué à propos de Mgr Foulon, il faut plus que de l'habileté, plus que du savoir

(1) Mgr Foulon a été nommé archevêque de Lyon, par décret du Président de la République, en date du 16 avril 1887.

(2) Mgr Foulon porte pour armoiries : *D'Azur à la Croix pattée d'Or* et pour devise : *In multa patientia*.

et de l'expérience, il faut une confiance très grande dans les desseins de Dieu et un abandon entier à ses volontés pour accepter, à l'heure actuelle, la lourde responsabilité de diriger deux mille prêtres dans les voies tracées à la fois par l'Evangile, par les prescriptions de l'Eglise et par les obligations des lois civiles.

Il faut une foi robuste et une patience invincible pour les défendre contre les injustices de l'opinion ; il faut une fermeté de vue bien haute et une charité bien généreuse pour susciter par la prédication, par les mandements, par tous les actes et les écrits publics d'une autorité indiscutée le zèle des soldats du Christ.

Ces qualités, Mgr Foulon les possède à un haut degré.

Nous allons esquisser rapidement ici les méritantes étapes de sa laborieuse carrière ecclésiastique.

Monseigneur Foulon (Joseph-Alfred), est né à Paris, le 29 avril 1823.

Il fit ses études au petit séminaire de St-Nicolas, dont Mgr Dupanloup était alors le directeur, et d'où sont sortis des prélats qui sont, aujourd'hui, l'honneur et la gloire de l'épiscopat français.

Au sortir du petit séminaire de Saint-Nicolas, Mgr Foulon passa par Notre-Dame-des-Champs, le grand séminaire, les Carmes, pour aboutir à l'Université où il conquit brillamment ses grades.

Notre archevêque est donc un savant : il est aussi, maintenant que le grand évêque d'Orléans a disparu, le premier prosateur parmi les prélats français.

Licencié ès lettres en 1847, il fut ordonné prêtre, dans cette même année, et nommé professeur à la chaire de seconde, dans la maison de Notre-Dame-des-Champs, où il devint successivement professeur de rhétorique, préfet des études et supérieur.

Pendant vingt ans il dépensa tout son dévouement et son esprit à l'enseignement de la jeunesse.

Combien de brillants élèves ne forma-t-il pas ! et combien parmi eux sont devenus des hommes distingués dans toutes les classes de la société : députés éminents, jurisconsultes, magistrats, médecins, prélats, professeurs, écrivains, etc., etc.

C'est le 12 janvier 1867 que Mgr Foulon fut nommé évêque de Nancy.

Cette année-là on célébrait à Rome le centenaire de Saint-Pierre. Sa Grandeur se rendit dans la Ville éternelle, moins pour prendre part aux fêtes, que pour mettre son épiscopat sous la protection du Prince des apôtres dans une circonstance mémorable et pour donner au Saint-Siège une preuve empressée d'un attachement et d'un dévouement qui ne se démentiront jamais.

Mgr Foulon fut sacré le 1ᵉʳ mai 1867 à Saint-Eustache, église qui avait été témoin de son baptême, de sa première communion, de sa confirmation et de sa première messe.

Sa nomination fut accueillie avec joie dans le grand diocèse de Nancy et de Toul, car on connaissait d'avance ses talents remarquables et ses vertus.

A peine installé, le jeune prélat se mit résolument à l'œuvre.

Son épiscopat à Nancy a été des plus féconds.

L'enseignement libre et chrétien reçut une grande impulsion et de profonds et salutaires remaniements.

Mais c'est plus particulièrement dans ce qui concerne l'administration de son diocèse que Mgr Foulon a fait preuve de brillantes qualités qui provoquent la reconnaissance et l'admiration.

Sa Grandeur est toujours prête à accueillir ses prêtres comme un père ses enfants, et son clergé est toujours l'objet de ses constantes préoccupations.

Ici encore la sollicitude de l'évêque est remarquable.

La fondation de l'*Œuvre des Séminaires* — qui permet aux enfants du peuple de faire leurs études pour la prêtrise sans imposer de trop lourdes charges à leurs familles ; l'amélioration de la *Caisse de Retraite* pour les vieux prêtres auxquels le gouvernement n'accorde qu'un traitement bien insuffisant ; l'agrandissement de la maison de *Bon-Secours* prouvent combien Mgr Foulon a à cœur de favoriser le recrutement du clergé, et de procurer aux prêtres âgés et infirmes une vie honorable et indépendante.

La réorganisation des conférences ecclésiastiques, les beaux mandements sur la *Nécessité de l'Etude*, sur l'*Education*, sur les *Mauvaises lectures*, sur la *Providence*, sur le *Péril des fausses doctrines*, sur la *Mort de Mgr Darbois*, sur le *Mariage chrétien*, montrent comment Sa Grandeur s'occupe du développement intellectuel de ses prêtres et de la préservation morale des fidèles au milieu des dangers les plus redoutables des temps présents.

C'est à l'initiative de Mgr Foulon que les diocèses administrés par lui doivent la révision de leurs statuts, le rétablissement de leurs synodes dans lesquels l'Eglise se met en communication plus directe avec son clergé.

L'ardent patriotisme de l'ancien évêque de {Nancy fut, en 1870, à la hauteur des maux qui s'abattirent sur la patrie pendant l'année terrible.

Après la guerre, Sa Grandeur eut la douleur de se voir enlever une partie de son diocèse : les arrondissements de Château-Salins et Sarrebourg furent séparés de Nancy.

Cette perte, ajoutée à la douleur de son âme de Français, lui arracha ce cri généreux :

« Prions pour la patrie, afin que, ramenée à Dieu, par l'excès même de ses malheurs, elle trouve dans l'amertume de ses humiliations un avertissement à ne plus retomber dans les fautes qui les lui ont values ; pour la patrie, afin que les cruelles séparations que lui a imposées la guerre ne soient pas sans espoir, et que, des sommets de Sion l'horizon ne soit pas à jamais borné par une frontière. »

A Berlin, ce langage si chrétien et si français ne fut pas sans émouvoir le gouvernement allemand.

Monseigneur Foulon fut poursuivi et condamné, mais ses diocésains le félicitèrent de sa condamnation comme d'une gloire.

Les populations de la Lorraine ont gardé du prélat patriote un impérissable souvenir.

Le 23 juin 1882 Mgr Foulon était transféré du siège de Nancy et de Toul au trône archiépiscopal de Besançon.

Dans ce nouveau diocèse le prélat a continué le labeur fécond par lui entrepris et mené à bonne fin à Nancy.

Nous résumons, d'après un vétéran de la presse catholique, le rôle de Mgr Foulon à Besançon.

Nombreux ont été les perfectionnements apportés aux œuvres existantes, et grandes les améliorations introduites dans l'administration diocésaine.

Dans la partie la plus reculée de ce vaste diocèse, il est des paroisses mixtes, dont les églises servent successivement aux offices catholiques et aux prêches protestants.

Dès son installation, Sa Grandeur fut douloureusement émue d'une telle promiscuité, qui est tolérable, dans le but d'éviter un plus grand mal, mais qui offense la dignité du vrai culte.

Par l'initiative du courageux archevêque, une œuvre établie pour la construction d'églises exclusivement catholiques, dans les pays mixtes, en a déjà livré plusieurs, affranchies de la dure servitude, à la grande joie des populations fidèles.

Au moment de l'invasion prussienne, le cardinal Mathieu avait fait le vœu de reconstruire l'église dédiée à saint Ferréol et à saint Ferjeux, les premiers apôtres de la Franche-Comté, si l'ennemi ne s'emparait pas de la ville. Le vœu était exaucé, mais sa réalisation éprouvait de sérieuses difficultés.

A Mgr Foulon était réservé le glorieux privilège de l'inauguration de l'œuvre. Sous sa direction, un architecte de Besançon, M. Ducat, a jeté les fondements de la nouvelle église qui est très avancée.

Notre nouvel archevêque est donc tout préparé aux grandes œuvres qui attendent à Lyon sa sage direction.

Le nouvel archevêque de Lyon a un physique et une prestance agréables.

Dans les cérémonies religieuses il porte avec distinction les ornements pontificaux.

Comme son prédécesseur, le cardinal Caverot, il a une grande prédilection pour les enfants.

Mgr Foulon est assistant au trône pontifical depuis le 17 juin 1867 et chanoine d'honneur de Paris et de Bordeaux. Sa Sainteté vient de lui accorder les insignes du *Pallium*.

Sa Grandeur est chevalier de la Légion d'honneur.

La nomination de Mgr Foulon à l'Archevêché de Lyon a été partout bien accueillie dans ce vaste diocèse comprenant les départements du Rhône et de la Loire.

Que Dieu nous conserve longtemps le vénérable prélat.

ÉVÊQUES ET ARCHEVÊQUES DE LYON

Saint JUST, mort le 2 octobre 390, en Egypte; transporté à Lyon et inhumé dans l'église des Macchabées, qui fut, plus tard, mise sous son invocation.

Saint ANTIOCHE, mort *circa* 420, enterré dans la même église.

Saint ELPIDE, mort *circa* 424, enterré dans la même église.

Saint SICAIRE, mort *circa* 430, inhumé dans l'église des Apôtres, consacrée plus tard à saint Nizier.

Saint BARBARIN, mort *circa* 450, inhumé à Saint-Nizier.

Saint VÉRAN, mort *circa* 455, inhumé à Saint-Nizier.

Saint AFFRICAIN, mort vers 491, en Auvergne, inhumé dans le bourg qui prit, à cause de cela, le nom de Saint-Affrique.

Saint RUSTIQUE, mort *circa* 499, inhumé à Saint-Nizier. Son épitaphe a été constatée lors de la visite des reliques de cette église, en 1308.

Saint ETIENNE, mort *circa* 497; il y a entre ces deux prélats une incertitude de chronologie; inhumé à Saint-Just.

Saint AUBRIN, mort *circa* 500; originaire de Montbrison, dont l'église possédait ses reliques.

Saint VIVENTIOL, 517, inhumé à Saint-Nizier.

Saint LOUP, 542, inhumé à l'Ile-Barbe, où fut bâtie l'église en son honneur.

Saint SACERDOS, 550, mort à Paris, rapporté à Lyon et inhumé à Saint-Nizier.

Saint NIZIER, 573, inhumé à Saint-Nizier.

Saint PRISCA, 588, inhumé à Saint-Nizier.

Saint ARRIGIUS, 611, inhumé à Saint-Just.

Saint ENNEMOND, 667, inhumé au monastère de Saint-Pierre.

Saint GENIS, 670, inhumé à Saint-Nizier.

LEIDRADE, 816, au monastère de Saint-Médard, de Soissons.

AGOBARD, 842, mort en Saintonge.

Saint REMY, 875, inhumé à Saint-Just.

HALINARD, 1051, mort à Rome.

HUMBERT Ier, 1076, mort à l'abbaye de Saint-Claude.

Saint JUBIN, 1082, inhumé à Saint-Irénée.

HUMBAUD, 1128, mort à Rome.

RAYNAUD de SEMUR, 1120, enterré à St-Irénée, transporté ensuite à Cluny.

PIERRE Ier, 1139, mort à Ptolémaüs.

HUMBERT de BAUGÉ, 1151, mort à la Chartreuse de Seillon-en-Bresse.

HÉRACLIUS de MONTBOISSIER, 1163, inhumé à Cluny.

Saint DIDIER, mort *circa* 434, inhumé à Saint-Nizier.

DROGO, 1165, mort à Besançon.

GUICHARD, 1179, enterré à Pontigny.

Jean de BELLESMES, 1200, mort à Clairveaux.

Raynaud de FOREZ, 1226, inhumé à Saint-Irénée.

Robert d'AUVERGNE, 1234, inhumé à Saint-Jean.

Raoul de la ROCHE-AYMON, 1236, inhumé à Clairvaux.

Aimeric des RIVES, 1257, mort à l'abbaye de Grandmont en Limousin.

Pierre de TARENTAISE, 1276, mort à Saint-Jean-de-Latran.

Raoul de TOROTE, 1280, mort à Paris.

Henry de VILLARS-THOIRE, 1301, mort à Rome ou à Chagny, suivant M. Péricaud.

Guy d'AUVERGNE, 1337, mort à Lérida, en Espagne.

Henry de VILLARS-THOIRE, 1354, inhumé à Saint-Jean, dans la chapelle de Sainte-Magdeleine.

Guillaume de THUREY, 1365, inhumé à Saint-Jean.

Charles d'ALENÇON, 1375, mort au château de Pierre-Scize.

Jean de TALARU, 1395, inhumé à Saint-Jean.

Philippe de THUREY, 1415, inhumé à Saint-Jean, chapelle du Saint-Sépulcre.

Amédée de TALARU, 1444, à Saint-Jean, chapelle Saint-Pierre.

Charles de BOURBON, 1488, inhumé à Saint-Jean, chapelle de Bourbon.

André d'ESPINAY, 1500, mort à Paris, inhumé aux Célestins.

François de ROHAN, 1536, mort à Paris, transporté à Lyon et inhumé à Saint-Jean.

Jean de LORRAINE, 1550, mort à Neuvy-s.-Loire.

Hippolyte d'ESTE, 1572, mort à Rome.

François de TOURNON, 1562, mort à Saint-Germain-en-Laye, inhumé aux Jésuites de Tournon.

Antoine d'ALBON, 1574, mort à Saint-Rambert-en-Forez, inhumé à Saint-Forgeux.

Pierre d'ESPINAC, 1599, mort à Lyon, inhumé à Saint-Jean, chapelle Sainte-Magdeleine.

Claude de BELLIEVRES, 1621, inhumé à Saint-Jean.

Denys de MARQUEMONT, 1626, mort à Rome, enterré à
   l'église de la Sainte-Trinité-du-Mont.

Charles MYRON, 1628, mort à Lyon, inhumé à la Déserte.

Alphonse de RICHELIEU, 1653, inhumé à la Charité. Son
   cœur fut placé à la cathédrale, dans la chapelle de Bourbon.

Camille de NEUFVILLE, 1693, mort à Lyon, enterré aux
   Carmélites.

Claude de St-GEORGES, 1714, enterré à St-Jean, devant
   le chœur.

Pierre de TENCIN, 1758, mort à Paris.

Antoine de MONTAZET, 1788, inhumé à Paris, dans l'abbaye
   de Saint-Victor.

Yves de MARBŒUF, 1799, mort en Lubeck, en Saxe.

Joseph FESCH, 1830, mort à Rome.

Cardinal de BONALD, mort en 1870, inhumé à St-Jean.

GINOULHIAC, mort en 1876, inhumé à Saint-Jean.

Cardinal CAVEROT, mort en 1887, inhumé à St-Jean.

LYON. — IMPRIMERIE X. JEVAIN, RUE SALA 42-44

www.ingramcontent.com/pod-product-compliance
Lightning Source LLC
LaVergne TN
LVHW021909180726
843502LV00008B/2964